La
ESPÍA
huérfana

Andrew J. Snider

Read to Speak Spanish™

Dedico este libro a Mateo, a quien le encantan las historias. Que te sigan encantando.

Capítulos

1 | Una visita inesperada

EN EL CENTRO de San Diego, California vive una chica joven. Su nombre completo es Ana María Guadalupe Hernández García, pero si tú le preguntas cómo se llama, ella simplemente dice que su nombre es Violeta. La chica usa ese nombre porque le gusta el color morado. Cree que el morado es un color de la suerte[1].

Las paredes[2] de su cuarto están pintadas de color morado. En el rincón[3] el armario[4] contiene mucha ropa morada. En la mesita de noche está su radio reloj, también de color morado. Pero la cosa más importante del cuarto es una foto de sus padres, en la que su madre lleva una falda morada. Es la única[5] foto que Violeta tiene de ellos.

---

[1] *suerte...* luck
[2] *paredes...* walls
[3] *rincón..* corner
[4] *armario...* wardrobe
[5] *única...* only

1

Violeta tiene dieciséis años y vive con sus abuelos en un apartamento pequeño en el centro de la ciudad. Ella es de México, D.F.[6], pero hace ocho años que sus padres murieron[7] en un accidente trágico. Desde entonces[8] ha vivido[9] con sus abuelos en San Diego, California. Todavía[10] recuerda bien el día que sus abuelos vinieron[11] a su casa para recogerla. Violeta apenas[12] los conocía, pero ellos la trasladaron[13] a otra escuela, a otra ciudad, a otro país.

A Violeta no le gustaba[14] nada vivir con sus abuelos al principio. Peleaba[15] mucho con su abuela durante los primeros años allí. A veces gritaban[16]. Era[17] muy común escuchar discusiones.

---

[6] *México D.F. (Distrito Federal)*… Mexico City
[7] *murieron*… they died
[8] *desde entonces*… since then
[9] *ha vivido*… she has lived
[10] *todavía*… still
[11] *vinieron*… they came
[12] *apenas*… barely, hardly
[13] *trasladaron*… they moved
[14] *no le gustaba*… she didn't like
[15] *peleaba*… she used to fight
[16] *gritaban*… they would yell
[17] *era*… was (a form of *ser*)

—¡Tú no eres mi mamá! —gritó[18] Violeta una vez, muy frustrada.

—No, no la soy —respondió su abuela—, pero tienes que acostumbrarte[19] a la vida aquí en California.

—¡No quiero acostumbrarme!

—¡Eres huérfana[20], Violeta! ¡Tus padres no van a volver! ¿Cómo es posible que no lo entiendas[21]?—le gritó su abuela. Inmediatamente la abuela de Violeta sintió remordimiento[22] por decir eso, pero era demasiado tarde. Hasta el día de hoy, esas palabras todavía hacen eco en la cabeza de Violeta, y la relación entre ellas está fría como resultado.

Los abuelos de Violeta le dan mucha libertad. Todas las tardes van a la iglesia a rezar[23], pero no obligan a que Violeta vaya[24] con ellos.

---

[18] *gritó*… she yelled
[19] *acostumbrarte*… get yourself used to
[20] *huérfana*… orphan
[21] *entiendas*… you understand (a form of *entender*)
[22] *remordimiento*… remorse
[23] *rezar*… to pray
[24] *vaya*… that she go (a form of *ir*)

—¿Quieres ir a la iglesia con nosotros? —le pregunta su abuela con mucha frecuencia.

—No, no quiero ir —responde Violeta de una manera fría.

«*¿Para qué iría*[25] *yo a la iglesia? Las oraciones no van a resucitar a mis padres...*», piensa Violeta.

No hay nada en este mundo que Violeta quiera[26] más que ver a sus padres de nuevo. Echa de menos[27] la dulce voz de su madre y los fuertes abrazos de su padre.

La cosa más aproximada a una familia que tiene Violeta es su grupo de amigos. Los dos mejores amigos de Violeta se llaman Abril Bolaños y Dante Gómez. Ellos viven en San Diego también. Abril tiene dieciséis años y es la chica más inteligente de su grado. Siempre está leyendo algún libro u otro. Por eso es muy inteligente. También es una de las chicas más bonitas de su escuela. Todos los chicos quieren salir con ella.

---

[25] *iría*… would I go (a form of *ir*)
[26] *quiera*… wants (a form of *querer*)
[27] *echa de menos*… she misses

Dante es inteligente también. Su padre es el jefe[28] de policía y Dante es como su clon. Es un chico muy observador. A veces puede ser terco[29], y en esos momentos sus amigas piensan que él es muy aburrido[30]. Además, Dante es un chico guapo. Y lo sabe. Siempre está tomándose *selfies* y mirando las fotos de las chicas bonitas en *Instagram*. Abril siempre pone los ojos en blanco[31] cuando Dante se toma un *selfie*. Parece que[32] a ella le molesta mucho, pero a veces Violeta cree que a Abril le gusta Dante, especialmente cuando él está haciendo una pose frente la cámara.

Violeta, Abril y Dante asisten a una escuela privada cerca del centro de la ciudad. Es una escuela muy vieja. El edificio es de piedra y es muy grande. Alrededor de la escuela hay una pared alta de piedra[33] gris. A Violeta le gusta su escuela porque parece un castillo antiguo de Europa.

---

[28] *jefe de policía*… chief of police
[29] *terco*… stubborn
[30] *aburrido*… a drag, boring
[31] *pone los ojos en blanco*… rolls her eyes
[32] *parece que*… it seems like
[33] *piedra*… stone

La escuela no está muy lejos del apartamento de los abuelos de Violeta. Después de clase, Violeta, Abril y Dante siempre caminan juntos.

Un día jueves los tres amigos están caminando después de la escuela. Ellos paran en un parque y se sientan en un banco[34] para descansar un poco. Una vez sentada, Abril saca un periódico de su mochila y comienza a leer. Dante se pone los ojos en blanco. Le dice a Abril:

—¿Esta conversación no te interesa? o ¿qué?

—Bueno, me gusta mantenerme bien informada —responde Abril, sin levantar la vista[35].

En la primera página hay una foto de un hombre muy gordo. Tiene la cara de un tipo duro[36].

—¿Quién es él? —pregunta Violeta.

Abril mira la primera página. Antes de que pueda[37] responder, Dante dice:

—Yo sé quién es. Él es el Sacerdote. Es uno de los criminales más buscados y peligrosos del mundo. Mi papá siempre está hablando de él.

---

[34] *banco*… bench
[35] *sin levantar la vista*… without looking up
[36] *un tipo duro*… a tough guy
[37] *pueda*… she can (a form of *poder*)

—Así es, Dante —confirma Abril—. Hace una semana que se escapó de la cárcel[38].

—Mi papá dice que todos los expertos piensan que el Sacerdote está en el D.F.[39] —explica Dante.

Violeta se siente incómoda[40] hablando sobre los criminales.

—Bueno... vamos a hablar de otra cosa —les dice Violeta a sus amigos—. ¿Qué quieren hacer el fin de semana?

—Pues —dice Dante—, yo quiero ir al cine a ver una película.

—Dante, tenemos una composición de diez páginas sobre el Quijote[41] —responde Abril—. Es para el lunes. Yo voy a pasar todo el fin de semana trabajando en eso. No sé cuándo vas a terminarla si vas al cine.

---

[38] *cárcel*... jail
[39] *D.F. (Distrito Federal)*... Mexico City
[40] *se siente incómoda*... she feels uncomfortable
[41] *El Quijote*... Don Quixote de la Mancha is one of the most important works of literature in the Spanish language. First published in 1605, it humorously tells the adventures of Don Quixote, a knight errant who is a bit off his rocker, and his sound-minded squire, Sancho Panza.

—No estoy preocupado —dice Dante mientras se toma un *selfie*—. Soy más creativo cuando espero hasta el último momento.

Abril pone los ojos en blanco y dice:

—No seas menso[42], Dante. Esta composición es muy importante.

—Violeta, ¿qué piensas? ¿Debo[43] trabajar en mi composición o ir al cine?

—La composición es importante... pero la película me parece más divertida —responde Violeta con una sonrisa.

—Ay, Violeta, no me estás ayudando... —dice Abril.

—No te preocupes, Abril —interrumpe[44] Dante—. Ya sé que soy un caso perdido[45].

—Eso es muy cierto — dice Abril mientras pone los ojos en blanco otra vez[46].

—Bueno... ¿quieren estudiar en mi casa? —les pregunta Dante—. Si trabajamos mucho hoy, podemos ir al cine mañana.

---

[42] *No seas menso*… Don't be dumb (*seas* is a form of *ser*)
[43] *debo*… I should
[44] *interrumpe*… interrupts
[45] *un caso perdido*… a lost cause
[46] *otra vez*… again

—Pueden contar conmigo[47] —responde Abril—. Siempre estoy dispuesta a estudiar.

Todos se ríen y entonces un silencio cae[48] en el grupo. Entonces Violeta dice:

—Bueno, estoy un poco cansada. Creo que voy a volver a mi casa. Quiero descansar un poco antes de la cena.

—¿Estás segura? —le pregunta Abril.

—Sí, puedo estudiar en casa. ¿Me dicen si van al cine mañana?

—De acuerdo[49] —le dice Dante.

Así que los tres amigos se despiden[50] y se van por su camino. Violeta está muy cansada cuando llega a su apartamento. Ella se quita[51] los zapatos morados, se sienta en el sofá y se pone a ver la televisión. Ella está a punto de dormirse cuando suena la puerta. Violeta va a la puerta y la abre para ver quién está allí. Ve a un hombre alto y delgado. Él lleva un impermeable[52] gris, un sombrero

---

[47] *contar conmigo*… count on me (lit. with me)
[48] *cae*… falls
[49] *de acuerdo*… agreed
[50] *se despiden*.. say goodbye
[51] *se quita*… takes off
[52] *impermeable*… raincoat

Panamá y unos anteojos de sol oscuros[53]. Parece un agente secreto de la CIA.

—Buenas tardes, señorita. ¿Es usted Ana María Guadalupe Hernández García? —le pregunta el hombre con un acento norteamericano.

Violeta tiene un poco de miedo. ¿Cómo sabe este hombre su nombre completo? Típicamente Violeta es una chica tímida, especialmente cuando habla con un desconocido[54]. A pesar de eso, ella decide contestarle al hombre. A veces puede ser una chica muy valiente.

—Sí, señor —responde Violeta—. Soy yo. ¿Cómo le puedo ayudar?

El hombre saca un sobre[55] de su impermeable y se lo da a Violeta.

—Esto es para usted —dice el hombre.

Violeta toma el sobre y lo abre con cuidado. Adentro hay dos hojas de papel de color blanco. En la primera hay un mapa dibujado a mano. En la

---

[53] *oscuros*… dark
[54] *un desconocido*… a stranger
[55] *sobre*… envelope

segunda hay una nota breve[56]. Violeta lee la nota en silencio:

> *Ana María,*
>
> *Tú estás en peligro[57]. Tienes que salir de la casa de inmediato. No hay tiempo de explicar. Vas a recibir más instrucciones cuando llegues[58] al lugar seguro.*
>
> *M y P*

Violeta no sabe qué pensar. Le dice al hombre:

—No entiendo... ¿Qué significa esto?

La chica levanta la cabeza para escuchar la respuesta del hombre, pero él ya no está allí. Ahora su corazón empieza a latir[59] muy fuerte. Tiene mucho miedo. No sabe si debe creer la nota o no. Después de sólo unos momentos Violeta toma una decisión. Agarra[60] su mochila morada y sale corriendo hacia[61] el lugar indicado en el mapa.

---

[56] *breve*... brief
[57] *peligro*... danger
[58] *llegues*... you arrive (a form of *llegar*)
[59] *latir*... to beat
[60] *agarra*... she grabs
[61] *hacia*... toward

2 | El abuelo al bate

CON MUCHA PRISA, Violeta baja a la calle. Mira a su alrededor[1] y sólo ve a algunas personas. Tiene miedo. Muchos pensamientos[2] recorren[3] su cabeza. *«¿De quién es esta nota? ¿Quiénes son M y P? ¿Por qué piensan que yo estoy en peligro?»*, piensa Violeta mientras sigue mirando a su alrededor. *«No entiendo lo que está pasando... Tengo que encontrar este lugar seguro enseguida[4]».*

Violeta lleva su mochila morada en la mano izquierda. En la otra mano tiene el mapa que indica cómo llegar al lugar seguro. La chica no quiere parecer[5] nerviosa, entonces ella decide caminar lentamente mientras busca el refugio[6] misterioso.

---

[1] *su alrededor*… around her
[2] *pensamientos*
[3] *recorren*… run through
[4] *enseguida*… right away
[5] *parecer*… to seem
[6] *refugio*… refuge, hiding place

El mapa le guía a Violeta por calles y callejones[7] no muy conocidos. Ella camina por lo que parece horas. Mientras camina, Violeta tiene una sensación extraña[8] de que alguien la está mirando. Esa sensación le da piel de gallina[9]. Empieza a caminar más rápidamente para disminuir[10] la tensión. Se siente más tranquila caminando así.

Ya casi son las seis y media de la tarde. El sol empieza a desaparecer detrás de los edificios. Violeta está cansada y tiene hambre, pero sabe que está muy cerca del lugar seguro. Está aliviada[11] porque con cada paso está más cerca a su destino. También está más lejos del peligro. Al menos eso espera...

Después de un rato Violeta entra a un callejón. Según[12] el mapa el refugio está por aquí. Cuando llega al lugar indicado en el mapa, ella presiente[13] que algo está mal. No hay una puerta para entrar

---

[7] *callejones*... alleyways
[8] *extraña*... strange
[9] *piel de gallina*... goosebumps
[10] *disminuir*... diminish, lessen
[11] *aliviada*... relieved
[12] *según*... according to
[13] *presiente*... she senses

al edificio. Violeta mira el mapa y luego mira el edificio. Sabe que está en el lugar correcto, pero en vez de una puerta, sólo hay una pared de color blanco.

De repente[14], escucha algo detrás de ella. Mira para atrás y ve a tres figuras oscuras que están entrando al callejón. Cuando estas figuras ven a Violeta, empiezan a caminar más rápido. Luego empiezan a correr. ¡Estas personas están persiguiéndola[15]!

Al ver las figuras Violeta está aterrorizada. Ellos avanzan hacia ella rápidamente. Ella empieza a correr lo más rápido posible, pero las personas todavía están avanzando. Violeta está corriendo por las calles cuando, por suerte, ve una iglesia vieja. La puerta de la iglesia está abierta. Sin pensarlo dos veces, ella entra a la iglesia para escaparse de sus perseguidores.

Dentro de la iglesia Violeta ve que hay unas cuantas personas rezando[16]. Ve a un hombre bajo y

---

[14] *de repente*… suddenly
[15] *persiguiéndola*… chasing her
[16] *rezando*… praying

un poco gordo que usa un bastón[17] de pino. El hombre no está rezando. Parece que está pensando en otras cosas. Una viejita baja y delgada está rezando al lado del hombre. Ella lleva su largo pelo gris en un moño[18]. Después de un momento Violeta los reconoce. ¡Son sus abuelos!

—¡Abuelo! ¡Abuela! ¡Gracias a Dios que están aquí! —dice Violeta mientras corre hacia ellos. Violeta abraza a su abuelo fuertemente.

Los abuelos de Violeta están sorprendidos también. Todas las tardes ellos vienen a esta iglesia para rezar, pero Violeta no viene nunca. Su abuela la mira y dice:

—¿Violeta? ¿Qué sucede[19]? ¿Por qué estás aquí?

—¡Hay tres personas que están persiguiéndome!

—¿Qué? —pregunta su abuelo—. ¿Estás segura?

Violeta saca la nota del sobre y se la muestra[20] a su abuelo. Él la examina con mucho cuidado[21]. No dice nada por unos momentos. Su cara está pálida

---

[17] *bastón*… cane
[18] *moño*… bun
[19] *¿Qué sucede?*… What's happening?
[20] *muestra*… she shows
[21] *con mucho cuidado*… very carefully

y es obvio que está preocupado. Le muestra la nota a su esposa.

—No puede ser —dice la abuela de Violeta con la voz temblando.

—Margarita era una mujer habilidosa[22] —dice el abuelo de Violeta.

—¿Tú crees que pueden estar vivos[23]? —le pregunta su mujer[24].

—No lo sé —responde el hombre anciano con un suspiro[25]—, pero el Sacerdote es un hombre muy peligroso. Todavía tiene muchos seguidores[26].

—Abuelo —interrumpe Violeta—, no entiendo. ¿De qué están hablando?

—Violeta, tenemos que ir a la casa de tu amigo Dante. Su padre es el jefe de policía. Él necesita ver esta nota de inmediato —responde su abuelo.

En ese momento las tres figuras oscuras entran a la iglesia. Empiezan a caminar hacia la familia de Violeta.

—¡Son ellos! —grita la chica.

---

[22] *habilidosa*… skilled
[23] *vivos*… alive
[24] *mujer*… wife (lit. woman)
[25] *un suspiro*… sigh
[26] *seguidores*… followers

—Violeta, hay una salida secreta detrás del altar —dice su abuelo muy tranquilamente—. Tu abuela y yo vamos a encargarnos de[27] estas personas. Quiero que tú vayas[28] a la casa de Dante lo más rápido posible. ¿Me entiendes?

—Sí, abuelo. Te entiendo.

—Muy bien. Te amamos Violeta.

Violeta empieza a llorar. Unas lágrimas[29] grandes corren por sus mejillas[30]. Ella les dice a sus abuelos:

—Yo los amo también.

—Ahora ve[31] —le dice su abuela—. Corre, y no camines. Vamos a estar bien. Pase lo que pase[32], no dejes de correr[33].

Así que Violeta corre detrás del altar. Antes de salir de la iglesia, mira hacia atrás una vez más. Su abuelo está usando su bastón como un bate de béisbol. Trata de pegar a sus atacadores fuerte-

---

[27] *vamos a encargarnos de*… we'll take care of
[28] *vayas*… you go (a form of *ir*)
[29] *lágrimas*… tears
[30] *mejillas*… cheeks
[31] *ve*… go (a form of *ir*)
[32] *pase lo que pase*… whatever happens
[33] *no dejes de correr*… don't stop running

mente, pero es demasiado lento. Los atacadores agarran al abuelo de Violeta y le quitan[34] el bastón.

Violeta está llorando fuerte ahora. Quiere gritar, pero recuerda las palabras de su abuela: «*Pase lo que pase, no dejes de correr*». Así que Violeta sale de la iglesia y empieza a correr.

---

[34] *quitan…* they take away

3 | El Santo Tomás

Después de salir de la iglesia, Violeta corre lo más rápido posible. Corre hasta llegar a la casa de su amigo Dante. Ella llama a la puerta fuertemente. Después de lo que siente[1] como una eternidad, la madre de Dante abre la puerta.

—¿Violeta? —pregunta la mujer, muy sorprendida—. ¿Qué pasa? ¿Qué estás haciendo aquí?

—Buenas noches, señora Gómez. Necesito hablar con Dante. Por favor, es urgente —dice Violeta, que está respirando con mucho esfuerzo[2].

—Por supuesto, Violeta. Entra. Dante está en la sala con Abril. Ellos están estudiando.

Violeta le da las gracias y va a la sala. Sus amigos están sentados muy de cerca en el sofá. Están agarrados de la mano[3]. Cuando Abril ve a Violeta

---

[1] *siente*… feels
[2] *esfuerzo*… effort
[3] *agarrados de la mano*… holding hands

entrar a la sala, ella suelta[4] la mano de Dante. La cara de Abril se pone[5] roja. Es obvio que está un poco incómoda[6].

—¿Qué tal, Violeta? ¡Dijiste que no ibas a[7] venir a estudiar! —dice Dante, cuya[8] cara está roja también.

Violeta empieza a responder, pero no sabe qué decir. Después de una pausa incómoda, ella les dice a sus amigos:

—Veo que ustedes están estudiando mucho.

La cara de Abril se pone todavía más roja. En ese instante una sonrisa grande aparece en la cara de Violeta. Ella piensa que la situación es muy chistosa[9]. Al menos por un momento, no está pensando en sus pobres abuelos en aquella iglesia.

—Oye, en serio —dice Dante—. ¿Por qué estás aquí?

La sonrisa de Violeta desaparece. Entonces ella les cuenta sobre las tres figuras oscuras y sus abue-

---

[4] *suelta*… lets go of
[5] *se pone*… becomes
[6] *incómoda*… uncomfortable
[7] *dijiste que no ibas a*… you said you weren't going to
[8] *cuya*… whose
[9] *chistosa*… cómica

los en la iglesia. En eso Violeta recuerda la nota del hombre misterioso. La saca de su mochila morada y se la muestra a sus amigos. Abril y Dante la examinan con cuidado.

—¡Híjole[10]! —exclama Dante—. ¿Tú crees que esas personas son seguidores del Sacerdote?

—No lo sé —dice Violeta.

—Si es así, realmente estás en peligro —dice Dante.

—¿Quiénes son "M" y "P"? —pregunta Abril.

—¿Mario López y Penélope Cruz? —pregunta Dante—. ¿Marc Anthony y Pitbull?

—Ay, no seas menso, Dante —dice Abril—. Este detalle es muy importante si queremos ayudar a Violeta.

«Tengo una idea, pero... no, no es posible», piensa Violeta.

—A ver... "M" y "P"... —continúa Abril—. ¿Quiénes pueden ser?

—Yo no tengo ni idea —dice Violeta—. ¿Ustedes creen que tiene que ver con[11] el Sacerdote?

___

[10] *¡Híjole!*... Shoot!
[11] *tiene que ver con*... has to do with

—No, no creo —responde Abril—. El Sacerdote debe estar muy ocupado para aterrorizar a una chica como tú, Violeta.

—Estoy de acuerdo —dice Dante después de un momento—. Aunque[12] a veces los criminales hacen cosas extrañas...

—¿Está aquí tu padre, Dante? —le pregunta Violeta—. Creo que necesitamos su ayuda.

—No, no está aquí. Está trabajando en la estación de policía.

—Bueno... —dice Abril—. ¿Para qué estamos esperando? Podemos pedirle ayuda a tu papá. ¡Vámonos!

Los tres salen de la casa y toman un taxi a la estación de policía. Cuando llegan a su destino, Abril paga al taxista y todos se bajan del[13] taxi. La estación de policía está dentro de un edificio grande de cemento. Enfrente de la puerta principal hay unos carros y motocicletas de policía. Una vez adentro,

---

[12] *aunque*... although
[13] *se bajan de*... they get out of (a vehicle)

Violeta está aliviada porque sabe que la policía va a protegerlos[14].

—La oficina de mi papá está por aquí —les dice Dante a sus amigas.

Al encontrar la oficina del padre de Dante, los tres entran. El padre de Dante está sentado detrás de su escritorio. Es un hombre trabajador. Parece que está muy ocupado en este momento. Hay montones de papel que cubren[15] su escritorio.

—¿Papá? —dice Dante.

—¿Dante? ¿Qué estás haciendo aquí? ¿Por qué no estás en casa? —le pregunta el señor Gómez.

—Necesitamos tu ayuda —responde su hijo.

—Tú madre me va a matar[16] si sabe que estás aquí a estas horas.

—Yo sé, papá, pero esto es muy importante. Unos hombres persiguieron[17] a Violeta desde su casa. Afortunadamente, ella se escapó...

—Mis abuelos me ayudaron —añade[18] Violeta.

—¿Tus abuelos? —pregunta el padre de Dante.

---

[14] *protegerlos*... protect them
[15] *cubren*... cover
[16] *matar*... to kill
[17] *persiguieron*... they chased
[18] *añade*... adds

—Sí, me encontré con[19] ellos en la iglesia. Ellos me mostraron[20] una salida secreta.

—Esto tiene que ser un chiste —responde el policía.

—¡Es verdad! —interrumpe Dante—. Mira, Violeta recibió una nota de un hombre extraño. Dice que ella está en peligro.

Violeta le da la nota al señor Gómez. Él la examina brevemente[21] y se la devuelve[22] a Violeta.

—No te preocupes[23], Violeta. Estoy seguro que nomás[24] es un chiste.

—¿No tiene que ver con el Sacerdote?

—¿El Sacerdote? —pregunta el padre de Dante, incrédulo—. Ahora sé que es un chiste. Están leyendo demasiadas novelas. Ahora, tengo que trabajar.

—Pero mis abuelos... —empieza Violeta. Antes de que pueda terminar su frase, el señor Gómez le interrumpe diciendo:

---

[19] *me encontré con*... I ran into
[20] *mostraron*... they showed
[21] *brevemente*... briefly
[22] *devuelve*... he returns
[23] *no te preocupes*... don't worry
[24] *nomás*... just

—Violeta, no tengo tiempo para esto. Tus abuelos ya deben estar en tu casa. Y tu abuela debe estar muy preocupada. Ahora, ustedes necesitan irse[25]. Estoy muy ocupado. Lo siento. Buenas noches.

—¡Papá! —protesta su hijo.

—Dante, ya te dije[26] que no tengo tiempo ahora. Tengo muchos casos reales que resolver. Nos vemos en casa.

Muy decepcionados[27], los tres salen de la estación de policía. Las chicas pueden ver la tristeza en la cara de Dante.

—¿Qué te pasa[28] Dante? —le pregunta Abril.

—No, nada... Es que mis padres están peleando mucho en estos días. Mi papá pasa mucho tiempo trabajando fuera de casa.

—Lo siento mucho, Dante —dice Violeta.

—No te preocupes. Yo estoy bien —miente[29] Dante—. De verdad, estoy bien.

---

[25] *irse*... leave
[26] *ya te dije*... I already told you
[27] *decepcionados*... disappointed
[28] *¿Qué te pasa?*... What's wrong?
[29] *miente*... he lies

Para sus amigas es obvio que Dante no está bien, pero no hay mucho tiempo para cuestionarlo. En ese momento Dante cambia la idea de la conversación diciendo:

—Ahora tenemos que resolver este misterio nosotros mismos.

—De acuerdo —dice Abril—. Ahora... vamos a la casa de Dante. Por lo menos vamos a estar seguros allí.

Así que los tres regresan a la casa de Dante. Antes de entrar, ven un paquete pequeño que está al lado de la puerta. Extrañamente[30], es para Violeta.

—¿Un paquete? —pregunta Violeta, muy sorprendida—. ¿Para mí? ¿Qué puede ser? Nadie sabe que estoy aquí.

—Puede ser una trampa[31] —dice Abril.

—Ay, por favor, no sean cobardes[32] —dice Dante—. Yo lo abro.

Dante toma el paquete y lo abre rápidamente. Dentro del paquete encuentran varias cosas extrañas. Primero, hay tres pasaportes. Dante saca los

---

[30] *extrañamente*... strangely
[31] *puede ser una trampa*... it could be a trap
[32] *cobardes*... cowards

pasaportes y se los da a Abril para que ella pueda examinarlos. Debajo de los pasaportes hay tres billetes de avión[33] para ir a México, D.F.

—Éstos son para nosotros... —dice Abril—. ¡Nuestras fotos están en los pasaportes!

Abril se los muestra a sus amigos y ellos saben que Abril tiene razón. Debajo de los billetes de avión hay una nota. Violeta toma la nota y la lee en voz alta:

Los espero en el aeropuerto del D.F.

–Agente Ñ

Los tres quedan en silencio por unos momentos. No saben ni qué pensar ni qué decir. Finalmente Abril les dice a sus amigos:

—Tengo que mostrarles algo[34] importante.

---

[33] **billetes de avión**… plane tickets
[34] **algo**… something

4 | El agente Ñ

CON LA NOTA DEL AGENTE Ñ en la mano, Violeta queda con la boca abierta. No sabe qué decir. En ese momento Abril interrumpe los pensamientos de Violeta.

—Este es un archivo[1] que estaba[2] en la estación de policía —Abril les dice a sus amigos.

—¿Robaste[3] eso de la oficina de mi papá? —le pregunta Dante, enojado.

Abril se sonroja y baja la vista[4] al suelo.

—Sí, lo robé —admite Abril—, pero sólo para ayudar a Violeta. Tu papá no nos quiere ayudar, ¿recuerdas? Tenemos que hacerlo nosotros mismos[5].

Dante se ve herido[6].

---

[1] *archivo*… file
[2] *estaba*… was (a form of *estar*)
[3] *robaste*… you stole
[4] *baja la vista*… looks down
[5] *nosotros mismos*… ourselves
[6] *se ve herido*… he looks hurt

—Lo siento, Dante —continúa Abril—. Miren lo que dice el informe[7].

El criminal conocido como "el Sacerdote" se escapó de la cárcel el 24 de febrero de este año. Actualmente[8] está en la capital mexicana, según la información obtenida[9] por el FBI y la CIA. Los seguidores del Sacerdote están por todos lados. La situación está extremadamente peligrosa. Es importante tener mucho cuidado si uno viene en contacto con él o uno de sus seguidores.

—¡Híjole! —exclama Dante—. Esto es muy serio. Violeta, si es verdad que el Sacerdote quiere hacerte daño[10], tenemos que ver a este agente Ñ de inmediato.

—¿Para qué estamos esperando? —dice Abril—. ¡Vámonos!

—Abril, Dante... —dice Violeta—. Ustedes son muy simpáticos por querer venir conmigo, pero es

---

[7] *informe*... report
[8] *actualmente*... currently
[9] *obtenida*... obtained
[10] *hacerte daño*... do you harm

demasiado peligroso. No quiero poner la vida de ustedes en peligro.

—No es tu decisión, Violeta. ¿Verdad, Dante?

—Es verdad, Abril —dice Dante—. La decisión es nuestra que tomar.

—No, no pueden venir —insiste Violeta—. Puede ser una trampa. Yo voy a ir sola.

—Tienes razón. Puede ser una trampa —dice Abril—, pero tú eres nuestra amiga, Violeta. Nosotros vamos contigo.

—Así es, Violeta —dice Dante—. Vamos a hacer lo que sea[11] necesario para protegerte.

Violeta está incómoda. El Sacerdote sigue allí en la sombra[12]. De verdad, es una situación muy peligrosa. La chica no quiere arriesgar[13] la vida de sus amigos, pero está aliviada que ellos van a estar a su lado.

Así que los tres amigos van al aeropuerto. Pasan por el punto de seguridad sin problemas. Los agentes de seguridad no les preguntan nada. ¡Los pasaportes son perfectos! Se suben al avión y vue-

---

[11] *lo que sea*… whatever
[12] *la sombra*… the shadow
[13] *arriesgar*… to risk

lan a México, D.F. Unas cuantas horas después, todos se bajan del avión y pasan por el aeropuerto mexicano.

En la terminal hay muchísima gente. Violeta y sus amigos buscan al agente Ñ que está esperándolos aquí. Abril ve a un hombre alto y fuerte. Lleva una camiseta gris con el emblema de una estación de bomberos[14]. «¿*Puede él ser el agente Ñ?*», piensa la chica. Pero luego Abril ve que está con una mujer bonita y dos niños. Sólo está allí con su familia. Está segura que no es el agente Ñ.

De repente Violeta ve a un hombre con un impermeable, un sombrero Panamá y lentes de sol oscuros. Es el hombre que estaba en el apartamento de sus abuelos.

—¡Es él! —grita Violeta.

—¿Estás segura, Violeta? —pregunta Abril.

—Segurísima.

—¿Es quién? —pregunta Dante mientras se toma un *selfie*.

Abril se pone los ojos blancos y dice:

—Dante, no seas menso... ¡Es el agente Ñ!

---

[14] *bomberos*... firefighters

—¡Es el hombre que estaba en el apartamento de mis abuelos! —dice Violeta.

Dante está avergonzado y se pone rojo. Entonces dice:

—Ah, claro. *Ese* hombre. Yo pensé[15] que estabas[16] hablando de otro hombre.

—No importa —interrumpe Violeta—. ¡Vamos a hablar con él!

Así que los tres caminan rápidamente hacia el hombre.

—Ana María, Abril, Dante... —dice el hombre—. Me da mucho gusto verlos aquí.

Los tres chicos se sienten un poco incómodos.

—¿Quién es usted? —le pregunta Abril, tratando de confirmar la identidad del hombre.

—Yo soy el agente Ñ —responde él—. Estoy seguro que tienen muchísimas preguntas para mí, pero no podemos hablar aquí. Vamos a un lugar seguro.

---

[15] *pensé*... I thought
[16] *estabas*... you were

El agente Ñ los guía[17] a un carro negro con ventanas oscuras. Cuando todos se suben al[18] carro, el agente Ñ empieza a hablar:

—Ustedes están aquí porque Ana María estaba en peligro. Hay un hombre muy malo y peligroso que se llama el Sacerdote. Es uno de los criminales más buscados del mundo.

—¡¿El sacerdote?! —gritan los tres chicos en unísono.

—¿Lo conocen?

—Sí, es muy famoso —responde Dante.

El hombre está asombrado[19] y deja de hablar por un momento. Entonces el agente Ñ mira directamente a Violeta y le dice:

—Señorita Hernández... te está buscando a ti.

—Esto no tiene sentido —dice Abril—. Ella es una chica normal... ¿Qué quiere el Sacerdote con Violeta?

—Ésa es una muy buena pregunta, señorita Bolaños —responde el agente Ñ—. Es cierto que usted es muy inteligente.

---

[17] **los guía**... he guides them
[18] **se suben a**... they get into (a vehicle)
[19] **asombrado**... astonished, amazed

—Abril tiene razón —interrumpe Dante—. Esto no tiene sentido. No es que Violeta sea[20] un agente secreto...

—Usted tiene razón, señor Gómez. Violeta no es un agente secreto... pero sus padres lo son.

—¿Mis padres? —exclama Violeta, muy sorprendida—. Mis padres están muertos, señor. Murieron en un accidente hace ocho años. Además, no eran[21] agentes secretos. Eran profesores de historia.

—Ana María... no sé cómo decirte esto... —dice el agente Ñ—. Tus padres no murieron en ningún accidente.

—¿Qué está diciendo usted? —le pregunta Dante—. ¿Cree que es posible que los padres de Violeta estén[22] vivos?

—No lo sé, señor Gómez, pero eso es exactamente lo que vamos a averiguar[23].

---

[20] *sea*... is (a form of *ser*)
[21] *no eran*... they weren't
[22] *estén*... they are (a form of *estar*)
[23] *averiguar*... to find out

5 | La "x" marca el lugar

Con estas palabras todavía haciendo eco en el aire, el agente Ñ para el carro.

—Ya llegamos. Éste es el lugar seguro. Vamos a entrar.

—Lo siento, señor, pero ¿es todo esto una broma[1]? —pregunta Abril. Ella está enojada. Piensa que lo que dice el agente Ñ es una broma muy cruel.

—Si es una broma —le dice Dante al agente Ñ—, usted es un hombre enfermo.

Violeta no dice nada. No sabe cómo debe sentirse[2], ni mucho menos qué decir. Quiere creer lo que dice el agente Ñ. Quiere ver a sus padres de nuevo con todas las fuerzas de su ser[3].

---

[1] **broma**… joke
[2] **sentirse**… to feel
[3] **todas las fuerzas de su ser**… every fiber of her being

—Entiendo su incredulidad[4], pero no es ninguna broma —dice el agente Ñ—. Violeta, tus padres eran agentes muy capaces[5]. Ellos acababan de cumplir una misión importante cuando fueron[6] emboscados[7]. Todos creíamos[8] que habían muerto[9] cuando una bomba explotó su carro... Por eso te enviamos a San Diego para vivir con tus abuelos. Sabíamos[10] que ellos podían[11] protegerte.

—¿Usted conoce a mis abuelos? —pregunta Violeta, sorprendida.

—Sí, los conozco. En el pasado tus abuelos eran agentes secretos también... Yo sé que es algo difícil de comprender, pero es la verdad.

Después de una pausa el agente Ñ continúa:

—La semana pasada recibimos un comunicado. Bueno, es posible que tus padres sobrevivieran[12] el

---

[4] *incredulidad*... disbelief
[5] *capaces*... capable
[6] *fueron*... they were (a form of *ser*)
[7] *emboscados*... ambushed
[8] *creíamos*... we believed
[9] *habían muerto*... they had died
[10] *sabíamos*... we knew
[11] *podían*... they could (a form of *poder*)
[12] *sobrevivieran*... they survived (a form of *sobrevivir*)

ataque. Y si es verdad que ellos están vivos, creemos que están aquí en el D.F.

Violeta se siente mareada[13]. Le es difícil procesar toda esta información.

—¿Qué dijo[14] el comunicado? —pregunta Abril.

—El comunicado dijo que los padres de Violeta fueron vistos[15] en el Zócalo[16]. Desafortunadamente, pensamos que fueron capturados por los hombres del Sacerdote. Según la información que tenemos, están encerrados[17] debajo de la Catedral Metropolitana.

—¿Aquí en el D.F.? —le pregunta Abril.

—Precisamente, señorita Bolaños —responde el agente Ñ.

Por fin Violeta piensa con un poco de claridad y exclama:

—¡Tenemos que ir a rescatarlos[18]!

---

[13] *mareada*… dizzy
[14] *dijo*… said, did it say
[15] *vistos*… seen
[16] *Zócalo*… The common name of the main plaza in Mexico City, La Plaza de la Constitución. Here you will find many important buildings, including La Catedral Metropolitana.
[17] *encerrados*… locked up
[18] *rescatarlos*… rescue them

—Violeta, es demasiado peligroso. Puede ser una trampa... —dice Abril, cautelosa[19].

—¡Abril! —grita Violeta—. Yo tengo la oportunidad de ver a mis padres y tú, ¿no quieres ir? ¿Dices que es demasiado peligroso? ¡Qué amiga!

—Tranquila, Violeta —dice Dante—. Todavía no sabemos si están vivos o no.

—Señorita Hernández, tus amigos tienen razón —dice el agente Ñ—. Necesitamos tener mucho cuidado. Esta situación está muy delicada. Si tus padres están allí, rescatarlos va a ser muy difícil. Unos quince hombres guardan la única entrada al sótano[20] de la catedral. Así que es demasiado peligroso para ustedes. Yo tengo que hacer este trabajo solo. Ahora, ustedes deben entrar al lugar seguro. Dentro del edificio hay un teléfono celular. En veinticuatro horas van a recibir una llamada con más instrucciones. No salgan[21] de la casa. El Sacerdote sigue ahí[22]. Ustedes están a salvo[23] aquí,

---

[19] *cautelosa*... cautious
[20] *sótano*... basement
[21] *no salgan*... don't leave (a form of *salir*)
[22] *sigue ahí*... is out there
[23] *a salvo*... safe

42

pero no puedo garantizar su seguridad si salen a la calle.

Entonces los tres se bajan del carro y entran al edificio. Violeta está en shock. «*¿Realmente pueden estar vivos mis padres?*», piensa ella. Entonces recuerda la nota que recibió la noche anterior. «*"M y P"... ¡Madre y padre! ¡Son ellos!*», piensa Violeta. Con ese pensamiento, Violeta les dice a sus amigos:

—Entiendo que ustedes no quieren ir a rescatar a mis padres. Y Está bien. Es muy peligroso. No tienen que venir conmigo, pero yo tengo que ir a la Catedral Metropolitana enseguida.

—Violeta, tenemos que esperar aquí —le dice Abril—. Este es el lugar seguro y el agente Ñ nos dijo que...

—No —le interrumpe Violeta—, no puedo esperar aquí ni un minuto más. Mis padres pueden estar vivos. Si es verdad, tengo que salvarlos.

—Violeta, te ruego[24] que veas los datos[25]. Estamos en México D.F., sin trasporte y la única per-

---

[24] *te ruego*... I beg you
[25] *veas los datos*... you see the facts (*veas* is a form of *ver*)

sona que conocemos, el agente Ñ, está quién sabe dónde. Además, apenas lo conocemos. ¿Cómo sabemos que no es un agente doble trabajando para el Sacerdote?

—No lo sabemos —dice Violeta—, pero si fuera[26] un agente doble ya nos habría matado[27]. No te pido que entiendas[28], Abril.

Dante toma precaución para no entrar a esta discusión. Cuando las dos chicas dejan de gritar, el joven dice:

—Miren lo que encontré[29] en el carro.

Él les muestra un mapa pequeño de la Catedral Metropolitana. Hay una "X" roja escrita sobre una cámara[30] pequeña. Parece una cámara secreta.

—¡Mis padres tienen que estar en esa cámara! ¡Estoy segura! —dice Violeta.

—Estoy totalmente de acuerdo —responde Dante—. Violeta, por mi parte, quiero ayudar. Si tú quieres rescatar a tus padres, puedes contar conmigo.

---

[26] *si fuera*… if he were (*fuera* is a form of *ser*)
[27] *nos habría matado*… he would have killed us
[28] *que entiendas*… that you understand (a form of *entender*)
[29] *encontré*… I found
[30] *cámara*… chamber

—No, no pueden ir —protesta Abril—. Es demasiado peligroso... No quiero perderlos.

—Nadie te obliga a ir —le dice Violeta a su amiga—, pero yo me voy.

—Yo también —dice Dante.

—Bueno... —dice Abril con un poco de indignación—. Ustedes no van a ninguna parte sin mí. Yo voy también.

6| Drama en el Zócalo

CON EL MAPA DE la Catedral Metropolitana de la Ciudad de México en la mano, Violeta, Abril y Dante salen del lugar seguro y bajan a la calle. Hay muchas personas caminando por todos lados. También hay muchísimo tráfico. «*¡Esta ciudad es enorme!*», piensa Violeta. «*Sería¹ fácil perdernos si no tuviéramos² el mapa*».

Violeta está emocionada. Pronto³, si realmente están allí, va a ver a sus padres. El único problema es que ella no sabe por dónde queda⁴ la catedral. En ese instante Abril les dice:

—Tenemos que ir al Zócalo.

—¿Al qué? —pregunta Dante mientras se toma otro *selfie*.

---

¹ **sería**… it would be
² **si no tuviéramos**… if we didn't have (a form of **tener**)
³ **pronto**… soon
⁴ **queda**… is located

—Al Zócalo —repite Abril—. Ay, Dante, no seas menso. ¿No prestas atención en la escuela? ¿Qué estoy diciendo? Por supuesto[5] que no prestas atención en la escuela. El Zócalo es la plaza central de México, D.F. También se llama la Plaza de la Constitución. Allí hay varios[6] edificios importantes como el Palacio Nacional y, por supuesto, la Catedral Metropolitana.

—Ah, sí, el Zócalo —responde Dante—. Pensé que dijiste otra cosa[7].

—Pues, ¿cómo llegamos al Zócalo? —pregunta Violeta.

—Es fácil llegar allí —dice Abril—. Sólo necesitamos tomar el metro. Pero... ¿por dónde queda el metro?

En ese momento Dante ve a un policía que está en una esquina[8], al lado de un semáforo[9]. Le dice:

—Buenas tardes, señor. ¿Sabe usted cómo llegar al metro? Mis amigas y yo somos turistas y queremos ir al Zócalo.

---

[5] *por supuesto*... of course
[6] *varios*... several, various
[7] *otra cosa*... something else
[8] *esquina*... corner
[9] *semáforo*... traffic signal

El policía los mira con escepticismo. Después de un momento les dice:

—Sí, está cerca. Para llegar al metro necesitan caminar derecho[10] por tres cuadras[11]. Luego van a doblar a la izquierda y seguir derecho por dos cuadras más. Entonces la entrada del metro va a estar a la derecha.

—Muchas gracias, señor —le dice Dante.

Los tres caminan rápidamente hasta llegar al metro. Allí hay muchísima gente que quiere tomar el tren. Muchas personas usan el metro todos los días porque es una manera fácil y económica de viajar por la ciudad. Normalmente Violeta estaría[12] ansiosa[13] con tanta gente, pero ahora no le importa. Sólo quiere llegar al Zócalo y rescatar a su familia.

Después de unos quince minutos en el tren los chicos escuchan la voz del conductor decir:

---

[10] *derecho*… straight
[11] *cuadras*… city blocks
[12] *estaría*… would be (a form of *estar*)
[13] *ansiosa*… anxious

—*La Plaza de la Constitución, el Zócalo. La próxima parada es La Plaza de la Constitución, el Zócalo.*

El tren para y las puertas se abren. Hay tantas personas que los tres amigos tienen que empujar[14] para poder salir. Al bajarse del tren, los tres jóvenes empiezan a correr. Dentro de unos minutos están corriendo por el Zócalo hacia la Catedral Metropolitana.

Hay tantos turistas en el Zócalo que casi tienen que empujar allí también. Una vez Violeta tiene que virar[15] para no chocar[16] con un grupo de turistas. Dante y Abril siguen corriendo por unos segundos, pero cuando no ven a Violeta, ellos se dan la vuelta[17]. Violeta está parada[18] en medio del Zócalo. En la multitud Violeta ve a un hombre que parece al agente Ñ. Lleva un impermeable y un sombrero Panamá. Violeta piensa, «*No es él, pero debe ser un detective o investigador privado*». Ver a este hombre le hace recordar la misión y el mapa

---

[14] *empujar*… to push
[15] *virar*… swerve
[16] *chocar*… to crash into
[17] *se dan la vuelta*… they turn around
[18] *parada*… stop

de la catedral. Entonces Violeta le pregunta a Abril
con urgencia:

—¿Dónde está el mapa?

Al escuchar la pregunta de su amiga Abril se
pone pálida.

—¿Qué te pasa? —le pregunta Dante.

—El mapa de la catedral... —contesta Abril—.
No lo tengo.

—¿Cómo que no tienes el mapa? —le pregunta
Violeta, que está un poco asustada[19].

—No lo sé... Lo tenía[20] antes de tomar el metro
—dice Abril, que está a punto de llorar—, pero ahora no lo tengo.

La frustración de Violeta con su amiga se convierte en[21] enojo. Ahora encontrar a su familia va a
ser casi imposible.

—Sin el mapa... no sabemos adónde ir —dice
Violeta—. No vamos a encontrar a mis padres.

—Lo siento, Violeta —dice Abril.

---

[19] *asustada*... scared
[20] *Lo tenía*... I had it (a form of *tener*)
[21] *se convierte en*... it turns into

—Tú ni querías[22] venir con nosotros —grita Violeta—. Dijiste que era demasiado peligroso. ¡Olvídalo[23]! ¡No necesito tu ayuda!

Abril comienza a llorar. No sabe explicarle a Violeta que fue[24] un accidente.

Con eso Violeta empieza a correr nuevamente hacia la catedral, dejando a sus amigos en el Zócalo. Ahora está llorando. Tiene miedo. No sabe cómo, pero va a rescatar a su familia.

—¡Violeta! —grita Dante—. ¡No puedes hacerlo sola! ¡Es demasiado peligroso!

Pero Violeta no le hace caso[25]. Sigue corriendo hasta llegar a la catedral.

—¡Vamos! —dice Abril con las lágrimas corriendo por sus pálidas mejillas—. Tenemos que ayudarla.

Dante y Abril corren detrás de Violeta, pero es demasiado tarde. Ella entra a la catedral y desaparece[26] de la vista.

---

[22] *ni querías*… you didn't even want to (a form of *querer*)
[23] *¡Olvídalo!*… Forget it!
[24] *fue*… it was (a form of *ser*)
[25] *no le hace caso*… she doesn't listen
[26] *desaparece*… disappears

7 | Prisioneros en la catedral

DENTRO DE LA CATEDRAL, Violeta mira a la derecha y a la izquierda. Sin el mapa no sabe adónde ir. En ella recorren muchos sentimientos[1]. Por un lado Violeta está triste y frustrada. Su mejor amiga perdió[2] la única información que tenía[3] sobre la ubicación[4] de sus padres. Sabe que fue un accidente, pero todavía siente traicionada[5]. Por otro lado Violeta está emocionada. Sabe que sus padres pueden estar vivos. Y si están vivos, están aquí en la catedral.

La iglesia es gigante, pero está dividida en partes más pequeñas. Por todos lados[6] hay altares pequeños. Cada altar tiene un significado importante

---

[1] *sentimientos*… feelings
[2] *perdió*… she lost
[3] *tenía*… she had (a form of *tener*)
[4] *ubicación*… location
[5] *traicionada*… betrayed
[6] *por todos lados*… everywhere

para los fieles[7]. Al fondo[8] de la iglesia Violeta puede ver el Altar de los Reyes. Este altar tiene muchos adornos de oro[9]. También hay muchísimas imágenes de figuras importantes de la historia de la Iglesia Católica.

Entonces Violeta mira a la izquierda de nuevo. Ella ve un ramo[10] de flores moradas. El ramo está al lado de una puerta pequeña de madera. «*Esto tiene que ser una señal. ¡Mis padres tienen que estar por aquí!*», piensa Violeta para sí misma. La chica corre a la puerta y la abre. Cuando cierra la puerta, ella tiene cuidado para no hacer un ruido[11]. No quiere que nadie sepa[12] que ella está allí.

A la vez que Violeta pasa por la puerta, Abril y Dante entran a la iglesia. Miran a la derecha y a la izquierda, pero no ven a su amiga.

—¡Ay, ay, ay! —dice Abril—. ¿Dónde puede estar Violeta?

---

[7] *los fieles*… the faithful
[8] *al fondo*… at the back
[9] *oro*… gold
[10] *ramo*… bouquet, bunch
[11] *ruido*… noise
[12] *sepa*… find out, know (a form of *saber*)

—No lo sé —responde Dante—, pero tenemos que encontrarla pronto.

—Dante... —dice Abril, que empieza a llorar de nuevo. Dante la abraza fuertemente y le dice:

—Ella va a estar bien. Todo va a estar bien.

—Dante... —dice Abril con su cabeza apoyada[13] en el pecho de él.

—¿Sí? —responde Dante.

Abril no dice nada por un momento.

—¿Qué te pasa? —pregunta Dante.

—Tengo miedo.

—Yo también.

El corazón de Dante empieza a latir más fuerte. Él le acaricia la cara a Abril y le da un beso.

—Si no sobrevivimos todo esto, quiero que sepas algo muy importante... —le dice Abril—. Te amo. Te amo con todas las fuerzas de mi ser.

Con esto Abril le da otro beso.

—Yo te amo también —responde Dante cuando terminan de besar—. Oye, ésta es una primera cita[14] muy memorable.

---

[13] *apoyada*... resting (lit. supported)
[14] *primera cita*... first date

—Ay, Dante, no seas menso... ¡Todavía me debes[15] una cita de verdad!

En ese momento Abril ve a la derecha. Puede ver una puerta pequeña de madera.

—¡Ésa tiene que ser la puerta! ¡Vamos a buscar a Violeta! —exclama Abril.

La chica corre hacia la puerta y Dante corre detrás de ella. Cuando llegan a la puerta, está cerrada con llave. Mientras Abril piensa en un plan, Dante pierde la paciencia. Patea[16] la puerta con mucha fuerza[17] y se abre con un ruido fuerte.

—¡Dante! ¡No seas menso! ¡No queremos que nadie sepa que estamos aquí! ¡Tenemos que estar calladitos[18]!

—Este... —dice Dante, poniéndose rojo—. Tienes razón, Abril...

—Bueno, no importa. ¡Vamos!

Así que los dos pasan por la puerta. Ahora están en un pasillo[19] que conduce a una escalera oscura. Abril y Dante tienen miedo. No quieren bajar la

---

[15] *me debes*... you owe me
[16] *patea*... he kicks
[17] *fuerza*... force
[18] *calladitos*... very quiet
[19] *pasillo*... hallway

escalera, pero saben que su amiga puede estar en peligro.

—Yo voy primero —dice Dante.

—No, tú no vas primero —dice Abril—. No eres ningún caballero andante[20]. ¡Y yo no soy una damisela en apuros[21]! Vamos a bajar juntos.

Entonces los dos bajan la escalera con cuidado. No quieren hacer un ruido. Cuando llegan al final de la escalera, ven otro pasillo. Siguen adelante por un buen rato[22]. Finalmente llegan a una puerta grande de madera. Abril empuja ligeramente[23] y abre la puerta. Ellos entran a una cámara que está iluminada con antorchas[24]. Los jóvenes están aliviados porque al menos ahora pueden ver un poco.

Pero el alivio no dura por mucho tiempo. En ese instante escuchan una voz que dice:

—¡Manos arriba! ¡No se muevan[25]!

Delante de los jóvenes hay un grupo de al menos diez hombres. Los chicos empiezan a correr hacia

---

[20] *caballero andante*… knight errant
[21] *damisela en apuros*… damsel in distress
[22] *un buen rato*… quite a while
[23] *ligeramente*… lightly
[24] *antorchas*… torches
[25] *¡No se muevan!*… Don't move!

atrás, pero hay otro grupo de hombres que bloquea la salida. Dos de ellos vienen hacia Abril y Dante, los agarran y les atan[26] las manos. Entonces un hombre alto y gordo camina delante de ellos. El hombre mira a Dante y le dice:

—Tú debes de ser el novio de esta hermosura...

—Así es... —dice Dante.

—¿Quién es usted? —interrumpe Abril.

El hombre mira a Abril. Está un poco sorprendido. Le dice:

—¿Quién soy yo? Yo soy muy famoso...

—Bueno, famoso o no —interrumpe Dante—, yo no sé quién es usted.

El hombre no dice nada por un momento. Con una sonrisa malvada le responde diciendo:

—Pues, muy pronto vas a saber mi nombre de memoria.

El hombre mira a Abril de nuevo y dice:

—Tú debes de ser la señorita Hernández García.

Abril tiene mucho miedo, pero no puede creer su suerte. *«Este hombre piensa que yo soy Violeta. ¡Esto significa que Violeta está bien!»*, piensa

---

[26] *atan*... they tie

Abril. La joven decide seguir con el juego del hombre.

—Sí, yo soy Ana María. ¿Quién es usted?

—¿Realmente no me conocen? —pregunta el hombre, frunciendo el ceño[27]—. Me sorprende[28]. De verdad, soy muy famoso. Yo soy el Sacerdote.

---

[27] *frunciendo el ceño*… furrowing his brow
[28] *me sorprende*… it surprises me

8 | La inquisición del Sacerdote

LAS PALABRAS DEL HOMBRE todavía están haciendo eco en la cámara cuando Dante tartamudea[1]:

—¿¡El Sa.. Ssacer... Sacerdote!?

—Así es —responde el Sacerdote. El hombre corpulento deja salir una carcajada[2]—: Ahora toda la familia está aquí. ¡Qué linda reunión familiar!

Las antorchas iluminan la cara gorda del Sacerdote. Se pueden ver una mezcla de cicatrices y arrugas[3]. Entonces Abril ve a tres personas atadas a sillas espalda contra espalda[4] en la forma de triángulo.

—¡Son los abuelos de Violeta! —Abril le susurra[5] a Dante.

---

[1] **tartamudea**... stammers, stutters
[2] **carcajada**... loud laugh
[3] **cicatrices y arrugas**... scars and wrinkles
[4] **espalda contra espalda**... back to back
[5] **susurra**... whispers

Unos segundos después, ella reconoce a la tercera persona. Es el agente Ñ. Él no dice nada. Sólo mira para adelante.

—Señorita Hernández García... —interrumpe el Sacerdote—. Yo sabía[6] que ibas a venir[7].

—¿Y cómo sabía usted eso? —pregunta Abril, tratando de imitar la voz de Violeta todavía.

—Es que yo entiendo cómo piensas.

—¿Cómo entiende usted mi manera de pensar? —pregunta Abril, tratando de ganar tiempo[8].

—Eso es fácil. Tú eres huérfana, como yo.

—¿Y eso? —dice Dante, que quiere ganar más tiempo también—. ¿Qué tiene que ver ser huérfana con todo esto?

—Buena pregunta, joven —sigue el Sacerdote—. Estos dos espías, sus abuelos, me han causado[9] muchísimos problemas durante décadas Yo sabía que tú ibas a venir, Ana María. Ellos son tu única familia.

—¿Usted es huérfano? —le pregunta Abril.

---

[6] *yo sabía*... I knew (a form of *ser*)
[7] *ibas a venir*... you were going to come
[8] *ganar tiempo*... to stall for time
[9] *me han causado*... have caused me

La espía huérfana

—Así es, pero eso no importa. ¡Ya es la hora de mi venganza[10]! Ahora que ustedes están aquí con las manos atadas, no van a poder detenerme[11]. Ahora tengo un problema difícil. Tengo que decidir a quién matar primero. Creo que voy a matar a su abuelo...

En ese momento el Sacerdote ve la silueta de una figura que entra a la cámara. Él deja de hablar y mira hacia la oscuridad con atención.

—Sólo hay un problema con su plan... —dice la voz de la silueta—. Ella no es la persona que busca usted.

—¿Así? ¿Quién habla? —responde el Sacerdote.

La figura entra a la luz de las antorchas, lo que revela la cara de Violeta.

—¡Yo soy Violeta!

—¡Agárrenla![12] —grita el Sacerdote.

Los hombres del Sacerdote corren hacia Violeta, pero ella empieza a correr también. Ella corre a sus amigos, deja su mochila al lado de Abril y sigue corriendo. Entonces Abril saca un par de tijeras de la

[10] *venganza*... revenge
[11] *detenerme*... stop me
[12] *¡Agárrenla!*... Grab her! (a form of *agarrar*)

mochila de Violeta. Empieza a cortar las cuerdas para liberar[13] sus manos.

Después de unos momentos los hombres atrapan a Violeta. El Sacerdote camina delante de ella y le dice:

—Vaya, eres muy lista, señorita.

—Usted no tiene ni idea —responde Violeta.

—Cómo decía a tu amiga, yo sabía que ibas a venir. Te escogí[14] porque eres huérfana, como yo. Entiendo cómo piensas. Desafortunadamente para ti, nadie viene a rescatarte.

Mientras el Sacerdote está hablando, Abril va dejando libres a Dante, al agente Ñ y a los abuelos de Violeta. Entonces ellos empiezan a pelear en contra de[15] los hombres del Sacerdote. El agente Ñ es muy talentoso y pelea en contra de seis hombres a la vez. El abuelo de Violeta es viejo, pero está en buena forma[16]. Por unos momentos parece un boxeador peleando en contra de los hombres del Sa-

---

[13] *liberar*... set free
[14] *te escogí*... I chose you
[15] *en contra de*... against
[16] *está en buena forma*... he's in good shape

cerdote. Desafortunadamente, son demasiados y pronto el anciano se cae al suelo.

Entonces Dante ve una oportunidad. Él corre hacia el Sacerdote y le da un empujón[17]. El hombre rotundo se cae al suelo y Dante pone su pie en el cuello[18] del Sacerdote para inmovilizarlo. En ese instante unos veinte hombres de la Policía Nacional entran a la cámara.

—¡Policía! —grita uno de los hombres del Sacerdote. Entonces todos los criminales dejan de pelear y se escapan por una puerta trampa[19] en el suelo.

—¡Ellos no importan! —grita el sargento—. ¡El Sacerdote está aquí!

Dos policías levantan al Sacerdote y le ponen esposas[20]. El sargento mira a Dante y le pregunta:

—¿Usted lo atrapó?

—Sí, señor —dice Dante.

—¡Qué impresionante! Muy buen trabajo, joven.

---

[17] *un empujón*... a push
[18] *cuello*... neck
[19] *una puerta trampa*... a trap door
[20] *esposas*... handcuffs

—Gracias, señor —responde Dante, muy orgulloso[21] de sus acciones valientes.

Entonces Violeta se acerca al Sacerdote. Le mira
la cara, pero no sabe qué decirle. Finalmente se le
ocurre[22] una pregunta.

—¿Por qué escribió usted la nota?

—¿Cuál nota? —responde el Sacerdote—. Yo no
escribí ninguna nota.

Violeta queda con la boca abierta.

—Mis padres... —empieza la chica, pero en ese
instante el suelo empieza a temblar[23] fuertemente.

—¡Es un terremoto! —grita Abril.

Los policías que tienen al Sacerdote lo sueltan y
se caen al suelo. El Sacerdote corre hacia la puerta
trampa. Por ser tan gordo, es un hombre bastante
ágil. El Sacerdote salta por la puerta trampa y desaparece de la vista.

—¡Rayos![24] —grita el policía—. ¡Se escapó por
esa puerta! ¡Persíganlo todos[25]!

---

[21] *orgulloso*… proud
[22] *se le ocurre*… she comes up with (lit. it occurred to her)
[23] *temblar*… shake
[24] *¡Rayos!*… Darn it!
[25] *¡Persíganlo todos!*… Everyone after him!

9| Una familia unida

UNO POR UNO, los policías pasan por la puerta trampa y desaparecen de la vista, dejando a los tres amigos, el agente Ñ y los abuelos de Violeta solos. Con eso Abril abraza a Dante por el cuello y lo besa apasionadamente.

—¡Fuiste genial[1]! —le dice Abril a Dante.

—Tú también, mi amor —le responde Dante.

Ellos se besan con mucha pasión de nuevo. El agente Ñ y Violeta intercambian[2] una mirada. Tratan de contener la risa[3], pero les es imposible. Los enamorados están un poco avergonzados[4] y se sonrojan.

—No nos hagan caso, amigos[5] —les dice el agente Ñ.

---

[1] *¡Fuiste genial!*... You were brilliant!
[2] *intercambian*… they exchange
[3] *la risa*… laughter
[4] *avergonzados*... embarrassed
[5] *no nos hagan caso*… don't pay attention to us

—Dante, acabas de capturar al criminal más peligroso del mundo —dice Violeta—. Es cierto que fuiste genial.

—Sí —responde Dante—, pero se escapó[6].

—Fue un acto de Dios —dice Violeta—. Hicimos[7] todo lo posible para capturarlo, especialmente tú.

—O tal vez[8] —dice Abril, señalando[9] un detonador pequeño en el piso—, fue una parte del plan del Sacerdote.

—¡Híjole! —exclama Dante—. ¡Ese temblor fue una explosión!

—Si fue una explosión —dice Violeta—, ¿por qué no colapsó toda la catedral?

—Pues, el Sacerdote es un experto en pirotecnia —explica el agente Ñ—. Si él quería explotar el edificio, pudo haberlo hecho[10].

—Hablando de eso... —interrumpe el abuelo de Violeta—. ¿Qué tal si vamos afuera? Es posible que

---

[6] *se escapó*... he escaped
[7] *Hicimos*... we did
[8] *tal vez*... maybe
[9] *señalando*... pointing
[10] *pudo haberlo hecho*... he could have done it

haya[11] otros explosivos y prefiero que no moramos[12] aquí adentro.

—El viejo tiene razón —dice la abuela de Violeta—. ¡Vámonos!

Así que todos salen de la catedral y vuelven al Zócalo.

—Vaya —dice Violeta una vez afuera—. México es hermoso.

—Estoy de acuerdo —dice Abril, que mira más a Dante que a su alrededor.

Después de pasar unos momentos en el Zócalo, el agente Ñ dice:

—Ana María, tengo que irme ahora. Si usted lo quiere, tiene una futura carrera en el espionaje.

—¿Y nosotros? —pregunta Abril, un poco indignada.

—Sí, ustedes también —les dice el agente Ñ a Abril y Dante con una sonrisa.

—Gracias, agente Ñ —dice Violeta—. Gracias por todo.

---

[11] *haya*… there are (a form of *haber* similar to *hay*)
[12] *moramos*… we die (a form of *morir*)

—¿Cómo podemos ponernos en contacto contigo si necesitamos tu ayuda? —pregunta Abril.

—Ana María, Abril, Dante... Si necesitan mi ayuda, no necesitarán[13] encontrarme. Allí estaré[14]. Por ahora los dejo aquí en buenas manos —responde el agente Ñ, señalando a los abuelos de Violeta.

Y con eso el agente Ñ se va. Dentro de unos momentos, él desaparece entre la multitud de gente que está en el Zócalo. Entonces Violeta voltea[15] a su abuelo y le pregunta:

—¿Estás bien, abuelo?

—Mejor que nunca —responde su abuelo haciendo una pose de Atlas.

Violeta se ríe, pero muy pronto se pone seria de nuevo. Le pregunta a su abuelo:

—¿Crees que mis padres todavía están vivos?

—No lo sé, Violeta —responde su abuelo—. Es posible que estén escondidos[16] todavía. Si siguen

---

[13] *no necesitarán...* you won't need (a form of *necesitar*)
[14] *estaré...* I will be (a form of *estar*)
[15] *voltea...* turns
[16] *escondidos...* hidden

ahí, va a ser difícil encontrarlos. Son espías extra-
ordinarios.

—Violeta, yo sé que no somos tus padres de verdad —interrumpe su abuela—, pero somos tu familia. Tu abuelo y yo te queremos mucho.

—Gracias, abuelita. Yo los quiero también.

—Somos tu familia también —le dice Abril—.
Eres nuestra amiga. Los amigos son familia.

—Tú sabes —añade Dante—, cualquier cosa[17]
que necesites[18], nos avisas.

Violeta empieza a llorar. Después de tantos
años, por fin ha encontrado[19] a su verdadera familia.

—Abuelo —dice Violeta—, todavía tengo una
duda.

—Dime[20], mi corazón —responde su abuelo.

—Lo que no entiendo es esto: si mis padres no
están vivos, ¿quién escribió la nota que me dio[21] el
agente Ñ?

---

[17] *cualquier cosa*… anything you need
[18] *necesites*… you need (a form of *necesitar*)
[19] *ha encontrado*… she has found
[20] *dime*… tell me (a form of *decir*)
[21] *dio*… he gave (a form of *dar*)

—Ésa es una muy buena pregunta. Yo creo que si tú investigas un poco más, vas a encontrar la respuesta —le dice su abuelo.

***

Mis padres están vivos. Yo estoy segura. Algún día[22] voy a encontrarlos, pero ahora no puedo pensar en eso. El Sacerdote sigue ahí, amenazando[23] a toda la humanidad. Yo creo que soy la única persona que puede detenerlo[24]. Yo lo entiendo por lo que he sufrido[25]. El Sacerdote es un némesis formidable, pero yo tengo una ventaja[26] que él no tiene. Yo tengo una familia de verdad. Yo soy nieta. Yo soy amiga.

Yo soy la espía huérfana.

---

[22] *algún día*… some day
[23] *amenazando*… threatening
[24] *detenerlo*… stop him
[25] *he sufrido*… I have suffered
[26] *ventaja*… advantage

Glosario

¡Agárrenla!... Grab her! (a form of *agarrar*)
a salvo… safe
aburrido… a drag, boring
acostumbrarte… get yourself used to
actualmente… currently
agarra… she grabs
agarrados de la mano… holding hands
al fondo… at the back
algo… something
algún día… some day
aliviada… relieved
amenazando… threatening
ansiosa… anxious
antorchas… torches
añade... adds
apenas… barely, hardly
apoyada… resting (lit. supported)
archivo… file
armario…wardrobe
arriesgar… to risk
asombrado… astonished, amazed
asustada… scared
atan… they tie
aunque… although
avergonzados... embarrassed
averiguar… to find out
ayudaron… they helped
baja la vista… looks down
banco… bench
bastón… cane
billetes de avión… plane tickets

73

bomberos… firefighters
breve… brief
brevemente… briefly
broma… joke
caballero andante… knight errant
cae… falls
calladitos… very quiet
callejones… alleyways
capaces… capable
carcajada… loud laugh
cautelosa… cautious
cámara… chamber
cárcel… jail
chistosa… cómica
chocar… to crash into
cicatrices y arrugas… scars and wrinkles
cobardes… cowards
con mucho cuidado… very carefully
conmigo… with me
contar conmigo… count on me
creíamos… we believed
cuadras… city blocks
cualquier cosa… anything
cubren… cover
cuello… neck
cuya… whose
datos… facts
D.F. (Distrito Federal)… Mexico City
damisela en apuras… damsel in distress
de acuerdo… agreed
de repente… suddenly
debo… I should
decepcionados… disappointed
derecho… straight
desaparece… disappears
desde entonces… since then
detenerlo… stop him
detenerme… stop me
devuelve… he returns

La espía huérfana

dije… I said

dijiste que no ibas a… you said you weren't going to

dijo… he/she said, did it say

dio… he gave (a form of *dar*)

dime… tell me (a form of *decir*)

disculpe… excuse me

disminuir… diminish, lessen

echa de menos… she misses

el informe… report

El Quijote… Don Quixote de la Mancha is one of the most important works of literature in the Spanish language. First published in 1605, it humorously tells the adventures of Don Quixote, a knight errant who is a bit off his rocker, and his sound-minded squire, Sancho Panza.

emboscados… ambushed

empujar… to push

encerrados… locked up

en contra de… against

encontré… I found

enseguida… right away

era… was (a form of *ser*)

escondidos… hidden

esfuerzo… effort

espalda contra espalda… back to back

esposas… handcuffs

esquina… corner

está en buena forma… he's in good shape

estaba… was

estabas… you were

estaré… I will be (a form of *estar*)

estén… are (a form of *estar*)

estaría… would be

extraña… strange

extrañamente… strangely

fieles… faithful

frunciendo el ceño… furrowing his brow

fue… it was (a form of *ser*)

fueron… they were (a form of *ser*)

fuerza… forcé

¡Fuiste genial!... You were brilliant!

ganar tiempo... to stall for time

gritaban... they would yell

gritó... she yelled

guía... he guides

ha encontrado... she has found

ha vivido... has lived

habían muerto... they had died

habilidosa... skilled

hacerte daño... do you harm

hacia... toward

haya... there are (a form of *haber* similar to *hay*)

he sufrido... I have suffered

Hicimos... we did

¡Híjole!... Shoot!

huérfana... orphan

ibas a venir... you were going to come

impermeable... raincoat

incómoda... uncomfortable

incredulidad... disbelief

informe... report

intercambian... they exchange

interrumpe... interrupts

iría... would I go (a form of *ir*)

irse... leave

jefe de policía... chief of police

la risa... laughter

la sombra... the shadow

latir... to beat

lágrimas... tears

liberar... set free

ligeramente... lightly

llegues... you arrive (a form of *llegar*)

lo que sea... whatever

Lo tenía... I had it (a form of *tener*)

los datos... the facts

los fieles... the faithful

los guía... he guides them

mareada... dizzy

76

más buscado… most wanted

matar… to kill

me encontré con… I ran into

me debes… you owe me

me han causado… have caused me

me sorprende… it surprises me

mejillas… cheeks

México D.F. (Distrito Federal)… Mexico City

miente… he lies

moño… bun

moramos… we die (a form of *morir*)

mostraron… they showed (a form of *mostrar*)

muestra… she shows

mujer… wife (lit. woman)

murieron… they died (a form of (*morir*)

necesites… you need (a form of *necesitar*)

ni querías… you didn't even want to (a form of *querer*)

no dejes de correr… don't stop running

no eran… they weren't

no le gustaba… she didn't like

no le hace caso… she doesn't listen

no necesitarán… you won't need (a form of *necesitar*)

no nos hagan caso… don't pay attention to us

no salgan… don't leave (a form of *salir*)

No seas menso… Don't be dumb (*seas* is a form of *ser*)

¡No se muevan!… Don't move!

no te preocupes… don't worry

nos habría matado… he would have killed us

nomás… just

nosotros mismos… ourselves

obtenida… obtained

¡Olvídalo!… Forget it!

orgulloso… proud

oro… gold

oscuros… dark

otra cosa… something else

otra vez… again

parada… stop

parece que… it seems that

parecer... to seem
paredes... walls
pase lo que pase... whatever happens
pasillo... hallway
patea... he kicks
peleaba... she used to fight
peligro... danger
pensamientos
pensé... I thought
perdió... she lost
¡Persíganlo todos!... Everyone after him!
persiguiéndola... chasing her
persiguieron... they chased
piedra... Stone
piel de gallina... goosebumps
podían... they could (a form of *poder*)
pone los ojos en blanco... rolls her eyes
por supuesto... of course
por todos lados... everywhere
presiente... she senses
primera cita... first date
pronto... soon
protegerlos... protect them
pudo haberlo hecho... he could have done it
pueda... she can (a form of *poder*)
puede ser una trampa... it could be a trap
¿Qué sucede?... What's happening?
¿Qué te pasa?... What's wrong?
que entiendas... that you understand (a form of *entender*)
queda... is located
quiera... wants (a form of *querer*)
quitan... they take away
ramo... bouquet, bunch
¡Rayos!... Darn it!
recorren... run through
refugio... refuge, hiding place
remordimiento... remorse
rescatarlos... rescue them
rezar... to pray

La espía huérfana

rincón… corner
risa… laughter
robaste… you stole
ruido… noise
sabíamos… we knew
se bajan de… they get out of (a vehicle)
se convierte en… it turns into
se dan la vuelta… they turn around
se despiden (de)… they say goodbye
se escapó… he escaped
se le ocurre… she comes up with (lit. it occurred to her)
se pone… becomes
se quita… takes off
se siente incómoda… she feels uncomfortable
se sonrojan… they blush
se suben a… they get into (a vehicle)
se ve herido… he looks hurt
sea… is (a form of *ser*)
seguidores… followers
según… according to
semáforo… traffic signal
señalando… pointing
sentimientos… feelings
sentirse… to feel
sepa… find out, know (a form of *saber*)
sería… it would be
si fuera… if he were (*fuera* is a form of *ser*)
si no tuviéramos… if we didn't have (a form of *tener*)
siente… feels
sigue ahí… is out there
sin levantar la vista… without looking up
sobre… envelope
sobrevivieran… they survived (a form of *sobrevivir*)
sombra… shadow
sótano… basement
su alrededor… around her
suelta… lets go of
suerte… luck
suspiro… sigh

susurra… whispers
tal vez… maybe
tartamudea… stammers, stutters
te escogí… I chose you
te ruego… I beg you
temblar… shake
tenía… she had (a form of *tener*)
terco… stubborn
tiene que ver con… has to do with
todas las fuerzas de su ser… every fiber of her being
todavía… still
traicionada… betrayed
trasladaron… they moved
ubicación… location
un buen rato… quite a while
un caso perdido… a lost cause
un desconocido… a stranger
un empujón… a push
un suspiro… sigh
un tipo duro… a tough guy
una puerta trampa… a trap door
única… only
vamos a encargarnos de… we'll take care of
varios… several, various
vaya… that she go (a form of *ir*)
vayas… you go (a form of *ir*)
ve… go (a form of *ir*)
veas… you see (a form of *ver*)
venganza… revenge
ventaja… advantage
vinieron… they came
virar… swerve
vistos… seen
vivos… alive
voltea… turns
ya te dije… I already told you
yo sabía… I knew (a form of *ser*)
Zócalo… Common name of the main plaza in Mexico City

Sobre el autor

Andrew J. Snider is the author of several novels and books that help people improve their abilities in Spanish. He graduated from Washington State University in with an M.A. in Foreign Languages and Cultures. In 2014 he founded Reading 633, an organization dedicated to helping students and educators make the most out of their classroom language-learning experience. Andrew is happily married, and he and his wife have a beautiful, bilingual son. Andrew and his family live in Puyallup, Washington, where he is an adjunct professor of Spanish at Pierce College and Green River College.

Other works from Reading 633:

La vida loca de Marta

Las tres pruebas

Feel like reading something else? Check out the free Spanish readings at http://readtospeakspanish.com.

Made in United States
North Haven, CT
31 August 2023

40997963R00061